Unia Genosis

ROSEN-KRIEG - Fünfzehnter Band

Unia Genosis

ROSEN-KRIEG - Fünfzehnter Band

"war of the roses" / "guerre des roses"

Goldene Rakete Verlag für Belletristik

Imprint

Cover image: www.ingimage.com

Publisher:
Goldene Rakete Verlag für Belletristik
is a trademark of
International Book Market Service Ltd., member of OmniScriptum Publishing Group
17 Meldrum Street, Beau Bassin 71504, Mauritius

Printed at: see last page
ISBN: 978-620-2-44590-0

Inhaltsverzeichnis:

I. **Überprüfungsverfahren (2019):**

1. Schreiben des Amtsgerichts an die Kanzlei „Wohlsein“:[1]

In Sachen

A. ./. G.

wg. elterl. Sorge

Hier: Bewilligung von Verfahrenskostenhilfe:

Überprüfungsverfahren

[1] 05.12.2019

Sehr geehrte Damen und Herren Rechtsanwälte,

das Gericht hat der VKH-Antragstellerin **Verfahrenskostenhilfe** bewilligt.

Das Verfahrenskostenhilfeprüfungsverfahren gehört zum Rechtszug.

Da Sie die VKH-Antragstellerin im Hauptsacheverfahren vertreten haben, hat die Aufforderung an die VKH-Antragstellerin über Sie zu erfolgen.

Vorsorglich wird darauf hingewiesen, dass nach dem formellen Abschluss des Hauptsacheverfahrens Zustellungen im Verfahrenskostenhilfeüberprüfungsverfahren gemäß § 172 Abs. 1 ZPO an Sie zu erfolgen haben.

Diese Verfahren gehört zum Hauptsacheverfahren.

Die hier bekannte Anschrift der VKH-Antragstellerin lautet: Name, Anschrift.

Für die Entscheidung waren die persönlichen und wirtschaftlichen Verhältnisse der VKH-Antragstellerin gemäß dem Antrag auf **Verfahrenskostenhilfe** maßgebend.

Wenn diese Verhältnisse sich aber wesentlich geändert haben, so soll das Gericht nach § 76 Abs. 1 FamFG, § 120a Absatz 1 Satz 1 ZPO die Entscheidung über die zu leistenden Zahlungen ändern.

Die VKH-Antragstellerin wird deshalb gemäß § 76 Abs. 1 FamFG, § 120a Absatz 1 Satz 1 ZPO aufgegeben, die im früheren Antrag gemachten Angaben zu überprüfen und Veränderungen gegenüber diesem Antrag

innerhalb von 3 Wochen

dem Gericht mitzuteilen, sowie Belege für diese Angaben beizufügen.

Für die Erklärung über die Änderung der persönlichen und wirtschaftlichen Verhältnisse muss das beiliegende Formular verwendet werden.

Dies gilt auch, wenn sich nichts geändert hat.

Nach § 76 Abs. 1 FamFG, § 124 Abs. 1 Nr. 2 ZPO soll das Gericht die Bewilligung der Verfahrenskostenhilfe aufheben, wenn die VKH-Antragstellerin innerhalb der Frist eine Erklärung nicht abgegeben oder Belege nicht vorgelegt hat.

Gleiches gilt nach § 76 Abs. 1 FamFG, § 124 Abs. 1 Nr. 4 ZPO, wenn die VKH-Antragstellerin dem Gericht wesentliche Verbesserungen ihrer Einkommens- und Vermögensverhältnisse oder Änderungen ihrer Anschrift absichtlich oder aus grober Nachlässigkeit unrichtig oder nicht unverzüglich mitgeteilt hat.

Dies würde dazu führen, dass die angefallenen Kosten in einer Summe fällig werden.

Anlagen:

Formular:

„Erklärung über die persönlichen und wirtschaftlichen Verhältnisse“

Mit freundlichen Grüßen

Auf Anordnung

Justizsekretär

2. Schreiben der Kanzlei „Wohlsein“ an die Kindesmutter:[2]

In Sachen: G. ./. A.

Sehr geehrte Damen und Herren,

anliegendes Dokument übersenden wir Ihnen

mit der Bitte um Öffnung und Kenntnisnahme.

Mit freundlichen Grüßen

i.A. Rechtsanwaltsgehilfin

Kanzlei Wohlsein

[2] 09.12.2019

3. <u>Schreiben der Kanzlei „Wohlsein" an die Kindesmutter:</u>[3]

In Sachen: A. ./. G.

Sehr geehrte Frau G.,

in vorbezeichneter Angelegenheit

erhalten Sie in die Mitteilung des Amtsgerichts

nebst Anlagen vom 05.12.2019,

hier am heutigen Tage eingegangen,

zur Kenntnisnahme

und mit der Bitte um Veranlassung.

[3] 09.12.2019

Eine Frist ist auf den **30.12.2019** gesetzt worden.

Mit freundlichen Grüßen

Rechtsanwältin

4. Schreiben der Kindesmutter an die Rechtsanwältin:[4]

Sehr geehrte Frau Rechtsanwältin,

anbei sende ich die ausgefüllten Formulare (VKH I-IV)

mitsamt Belegen (in der richtigen Reihenfolge).

Mit freundlichen Grüßen

Kindesmutter

[4] 09.12.2019

Anlagen:

- VKH I
- VKH II
- VKH III
- VKH IV
- Urkunde
- Belege 2 und 3
- Belege 4 und 5
- Gehalt 2019
- Belege 7 und 8
- Versicherungen
- Wohngebäude
- Kfz-Versicherung
- Belege 12 und 13
-

- Belege 14 und 15
- Belege 16 und 17
- Briefmarken
- Beleg 18
- Kaufpreis
- Kaufvertrag
- Meldebescheinigung
- Schornsteinfeger
- Propangas
- Briketts
- Beleg 25
- Abfallgebühren
- Belege 27 und 28
- Vorschussrechnung
- Belege 30 und 31

- Heizung
- Handwerker
- Dachdecker
- Essensgeld Kind I
- Essensgeld Kind II
- Essensgeld Kind III
- Getränkegeld Kinder II-IV
- Handwerkerkosten

5. <u>Schreiben der Kindesmutter an die Rechtsanwältin:</u>[5]

Sehr geehrte Frau Rechtsanwältin,

die aktualisierten Belege finden Sie im Anhang.

Mit freundlichen Grüßen

Kindesmutter

<u>Anlagen:</u>

- Autoreparaturrechnung
- Aktualisierter Kontostand

[5] 09.12.2019

6. Schreiben der Kindesmutter an die Kanzlei „Wohlsein“:[6]

Sehr geehrte Frau Rechtsanwaltsgehilfin,

bitte bestätigen Sie mir den Eingang meiner Unterlagen.

Mit freundlichen Grüßen

Kindesmutter

[6] 10.12.2019

7. <u>Schreiben der Kindesmutter an die Rechtsanwältin:</u>[7]

Sehr geehrte Frau Rechtsanwältin,

Mit der Bitte um die Eingangsbestätigung der VKH-Unterlagen

und freundlichen Grüßen

Kindesmutter

[7] 12.12.2019

8. Schreiben der Kanzlei „Wohlsein“ an die Kindesmutter:[8]

Sehr geehrte Kindesmutter

ich nehme Bezug auf Ihre E-Mail vom 12.12.2019

und bestätige den Eingang der VKH-Unterlagen.

Mit freundlichen Grüßen

i.A. Rechtsanwaltsgehilfin

Kanzlei „Wohlsein“

[8] 13.12.2019

9. Schreiben der Kindesmutter an die Kanzlei „Wohlsein“:[9]

Sehr geehrte Frau Rechtsanwaltsgehilfin,

vielen herzlichen Dank dafür.

Mit freundlichen Grüßen

Kindesmutter

[9] 13.12.2019

10. Schreiben Kindesmutter an die Kanzlei „Wohlsein“:[10]

Sehr geehrte Frau Rechtsanwaltsgehilfin,

sehr geehrte Frau Rechtsanwältin,

leiten Sie im oben genannten Fall

die VKH-Unterlagen an das Amtsgericht weiter?

Mit der Bitte um Antwort

und freundlichen Grüßen

Kindesmutter

---

[10] 16.12.2019

11. Schreiben Kindesmutter an die Kanzlei „Wohlsein“:[11]

Sehr geehrte Damen und Herren,

darf ich davon ausgehen,

dass Sie im o.g. Verfahren

meine Ihnen zugesandten VKH-Unterlagen

an das Amtsgericht weiterleiten werden?

Mit der Bitte um Antwort.

Mit freundlichen Grüßen

Kindesmutter

[11] 18.12.2019

12. <u>Schreiben der Kanzlei „Wohlsein“ an die Kindesmutter:</u>[12]

Sehr geehrte Kindesmutter,

ich werde das Schreiben **heute** fertig machen

und sodann Ihre VKH Unterlagen fristgerecht (Fristablauf am 30.12.)

an das Gericht übersenden.

Selbstverständlich bekommen Sie sodann eine Abschrift.

Mit freundlichen Grüßen

Rechtsanwaltsgehilfin

---

[12] 18.12.2019

13. Schreiben der Kindesmutter an die Kanzlei „Wohlsein“:[13]

Sehr geehrte Frau Rechtsanwaltsgehilfin,

vielen Dank für die Mitteilung.

Mit freundlichen Grüßen

Kindesmutter

[13] 18.12.2019

14. Schreiben der Kindesmutter an die Kanzlei „Wohlsein“:[14]

Sehr geehrte Frau Rechtsanwaltsgehilfin,

mit Bitte um Zusendung der Abschrift

des gestern fertig gestellten Schreibens

an das Amtsgericht

und freundlichen Grüßen

Kindesmutter

[14] 19.12.2019

15. Schreiben der Kanzlei „Wohlsein“ an die Kindesmutter:[15]

In Sachen: G. ./. A.

Sehr geehrte Damen und Herren,

anliegendes Dokument übersenden wir Ihnen

mit der Bitte um Öffnung und Kenntnisnahme.

Mit freundlichen Grüßen

i.A. Rechtsanwaltsgehilfin

Kanzlei Wohlsein

[15] 20.12.2019

16. Schreiben der Kanzlei „Wohlsein“ an die Kindesmutter:[16]

In Sachen: A. ./. G.

Sehr geehrte Kindesmutter,

anliegend erhalten Sie unseren Schriftsatz zur Kenntnisnahme.

Mit freundlichen Grüßen

(Rechtsanwältin)

[16] 20.12.2019

17. Schreiben der Kanzlei „Wohlsein“ an das Amtsgericht:[17]

Vorab per Telefax

Eilt sehr!!!! Bitte sofort vorlegen!!!!

Frist: 31.12.2019

In Sachen:

A.

- Kanzlei „ehr&wehr“ -

./.

G.

- Kanzlei „Wohlsein“ -

Aktenzeichen

Frist: 31.12.2019

[17] 20.12.2019

überreichen wir den von der Antragstellerin ausgefüllten Bogen

zur Erklärung über die persönlichen und wirtschaftlichen Verhältnisse

nebst Belegen.

Die Rechtsanwälte

der Kanzlei „Wohlsein“

durch

(Rechtsanwältin)

II. Erinnerung (2019)

1. Beschluss des Amtsgerichts:[18]

In der Zwangsvollstreckungssache

Kindesmutter

- **Gläubigerin** -

Prozessbevollmächtigte:

Rechtsanwälte

Kanzlei „Wohlsein“

gegen

[18] 03.12.2019

Kindesvater

- **Schuldner –**

2. Bank

- **Drittschuldnerin -**

3. Arbeitgeber

- **Drittschuldnerin -**

4. Bank

- **Drittschuldnerin -**

hat das Amtsgericht am 03.12.2019 beschlossen:

Der Erinnerung des Gläubigers vom 11.11.2019

gegen den Beschluss vom 22.10.2019

wird nicht abgeholfen, § 11 Abs. 2 RPflG.

Gründe:

Mit Beschluss hat das Amtsgericht am 22.10.2019 die Überweisung aus dem Pfändungs- und Überweisungsbeschluss vom 04.07.2019 bis zur Entscheidung über die Erinnerung des Schuldners gem. §766 ZPO einstweilen eingestellt, da über die Erinnerung des Schuldners noch nicht abschließend entschieden werden konnte.

Die einstweilige Anordnung berücksichtigt die Interessen der Beteiligten in angemessener Weise, da weder an den Gläubiger noch an den Schuldner ausgezahlt wird.

Die Erinnerung ist damit unbegründet.

Das Rechtsmittel wird dem zuständigen Richter zur Entscheidung vorgelegt.

Rechtsbehelfsbelehrung:

Der Beschluss ist mit Rechtsmitteln nicht anfechtbar.

Rechtspflegerin

beglaubigt

(Dienstsiegel)

Justizbeschäftigte

als Urkundsbeamtin der Geschäftsstelle

5. Schreiben des Amtsgerichts an die Kanzlei „Wohlsein“:[19]

In der Zwangsvollstreckungssache

G. ./. A.

Sehr geehrte Damen und Herren Rechtsanwälte,

anbei erhalten Sie eine beglaubigte Abschrift

des Beschlusses vom 03.12.2019.

Mit freundlichen Grüßen

Auf Anordnung

Justizbeschäftigte

[19] 16.12.2019

Dieses Schreiben wurde elektronisch erstellt

und ist ohne Unterschrift gültig.

6. Schreiben der Kanzlei „Wohlsein" an die Kindesmutter:[20]

In Sachen: G. ./. A.

Sehr geehrte Damen und Herren,

anliegendes Dokument übersenden wir Ihnen

mit der Bitte um Öffnung und Kenntnisnahme.

Mit freundlichen Grüßen

i.A. Rechtsanwaltsgehilfin

Kanzlei Wohlsein

[20] 17.12.2019

7. <u>Schreiben der Rechtsanwältin an die Kindesmutter:</u>[21]

G. ./. A.

Sehr geehrte Kindesmutter,

in obiger Angelegenheit erhalten Sie den Beschluss des Amtsgerichts,

hier am 16.12.2019 eingegangen,

mit der Bitte um Kenntnisnahme.

Mit freundlichen Grüßen

(Rechtsanwältin)

[21] 17.12.2019

III. Ausgleichsanspruch (2019):

1. Schreiben der Kanzlei „Wohlsein“ an die Kindesmutter:[22]

In Sachen: G. ./. A.

Sehr geehrte Damen und Herren,

anliegendes Dokument übersenden wir Ihnen

mit der Bitte um Öffnung und Kenntnisnahme.

Mit freundlichen Grüßen

i.A. Rechtsanwaltsgehilfin

Kanzlei Wohlsein

[22] 17.12.2019

2. Schreiben der Rechtsanwältin an die Kindesmutter:[23]

G. ./. A.

Sehr geehrte Kindesmutter,

anliegend erhalten Sie unseren heutigen Antrag an das Amtsgericht

zur Kenntnisnahme.

Mit freundlichen Grüßen

(Rechtsanwältin)

[23] 17.12.2019

3. Schreiben der Kanzlei „Wohlsein" an das Amtsgericht:[24]

Antrag auf Bewilligung von Verfahrenskostenhilfe

Antrag aus familienrechtlichem Ausgleichsanspruch

Frau G.

- Antragstellerin -

Prozessbevollmächtigte Kanzlei „Wohlsein" -

g e g e n

Herrn A.

- Antragsgegner –

Wegen: Rückforderung Kindesunterhalt.

Verfahrenswert: € 2.506,00

[24] 17.12.2019

Wir zeigen an, dass wir die Antragstellerin vertreten.

Es wird zunächst **beantragt,**

der Antragstellerin Verfahrenskostenhilfe zu bewilligen und die Unterzeichnerin zur vorsorglich unentgeltlichen Wahrnehmung ihrer Rechte beizuordnen.

In der Sache selbst werden wir beantragen, **wie folgt zu beschließen:**

1. **Der Antragsgegner zahlt an die Antragstellerin im Wege des familienrechtlichen Ausgleichsanspruchs € 2.406,00 nebst Zinsen in Höhe von 5 Prozentpunkten über dem Basiszinssatz seit dem 26.04.2019 zu zahlen,**

2. **Der Antragsgegner stellt die Antragstellerin von vorgerichtlichen Rechtsanwaltskosten in Höhe von 334,75 € frei.**

3. **Der Antragsgegner trägt die Kosten des Rechtsstreits.**

4. Den Beschluss notfalls gegen Sicherheitsleistung, die auch durch Bank- oder Sparkassenbürgschaft erbracht werden kann, für vorläufig vollstreckbar zu erklären,

5. Hilfsweise für den Fall des Unterliegens der Antragstellerin nachzulassen, die Zwangsvollstreckung durch Sicherheitsleistung, die auch durch Bank- oder Sparkassenbürgschaft erbracht werden kann, abzuwenden.

Wir bitten außerdem,

uns eine vollständige und, soweit möglich, vollstreckbare Beschlussausfertigung zu erteilen,

sowie den Zeitpunkt der Zustellung des Beschlusses zu bescheinigen.

Gründe:

I. Sachverhalt:

Die Beteiligten sind geschiedene Eheleute und haben zwei gemeinsame Kinder:

Die älteste Tochter

und die jüngere Tochter.

Bis zu Ihrem Obhutwechsel zu September 2016 hatte die Tochter Lena ihren Wohnsitz bei der Antragstellerin und wurde von dieser betreut.

Der Antragsgegner hatte bezüglich der zu zahlenden Kinderunterhaltsbeträge im Jahr 2011 eine Jugendamtsurkunde erstellen lassen, in der

Anlage K 1

in Kopie vorgelegt wird.

Trotz der Verpflichtung zum Barunterhalt leistete der Antragsgegner für die folgenden Zeiträume keinerlei Unterhaltszahlungen für die gemeinsame älteste Tochter:

Januar 2016:

Letztmalige Unterhaltszahlung des Beteiligten zu 2. In Höhe von € 334,-, nach DT 2015 statt € 355,- nach DT 2016 => fehlender Differenzbetrag = **€ 21,00.**

Februar bis August 2016:

Offene Unterhaltszahlungen des Beteiligten zu 2.: 7 x € 355 = **€ 2.485,00**

Insgesamt besteht mithin ein Unterhaltsrückstand aus 2016 in Höhe von **€ 2.506,00**.

Dieser Betrag wird hiermit im Wege des familienrechtlichen Ausgleichsanspruchs geltend gemacht.

II. Rechtliche Bewertung:

Die Voraussetzungen des familienrechtlichen Ausgleichsanspruchs liegen vor:

1. Der offizielle Obhutswechsel der Tochter erfolgte erst aufgrund der Gerichtsverhandlung vom 29.08.2016 zum Monat September 2016.

   Damit traf den Antragsgegner unstreitig für den Zeitraum bis August 2016 die Barunterhaltspflicht gemäß §§ 1601, 1606, 1609 Absatz 1 Nr. 1 BGB.

2. Da der Antragsgegner für die oben genannten Monate keine Geldleistungen erbracht hat, musste diese Unterhaltslast zunächst von der Antragstellerin auf sich genommen werden.

3. Die Voraussetzungen des § 1613 Abs. 1 BGB liegen vor.

Wegen der Titulierung der Unterhaltsansprüche in der Jugendamtsurkunde (§§ 59 I Nr. 3, 60 SGB VIII) waren diese jeweils zu Monatsbeginn fällig.

Der Antragsgegner befand sich wegen Kalenderfälligkeit ohne Mahnung gem. § 286 II BGB im Verzug.

4. Vorgerichtlich war der Antragsgegner letztmalig mit Schreiben vom 12.04.2019 unter Fristsetzung bis zum 25.04.2019 aufgefordert worden.

   Da diese Frist fruchtlos verstrichen ist, ist nunmehr Klage geboten.

5. Mit dem Antrag zu Ziffer 2 werden die außergerichtlichen anwaltlichen Kosten als notwendige Rechtsverfolgungs-/Verzugskosten geltend gemacht.

   Der Antragsgegner befand sich zu diesem Zeitpunkt mit den verfahrensgegenständlichen Unterhaltszahlungen im Verzug.

Die Erklärung über die persönlichen und wirtschaftlichen Verhältnisse wird in der Anlage überreicht.

Sollte das Gericht weiteren Sachvertrag für erforderlich halten, wird höflich um einen entsprechenden Hinweis gebeten.

Die Rechtsanwälte

der Kanzlei „Wohlsein“

durch:

(Rechtsanwältin)